D. O. M.

NOTICE BIOGRAPHIQUE

SUR LA VIE

DE

MESSIRE DOMINIQUE RAYOL

CHANOINE HONORAIRE D'ANTIOCHE

DOCTEUR EN THÉOLOGIE

Curé de Sainte-Marie-Magdeleine

PAR

GONZAGUE JULLIEN

*Agent de l'Association Médicale pour l'Assistance Mutuelle
et du Comité Médical des Bouches-du-Rhône*

MARSEILLE

TYP. ET LITH. BLANC ET BERNARD

RUE SAINTE-PAULINE, 2 A

1881

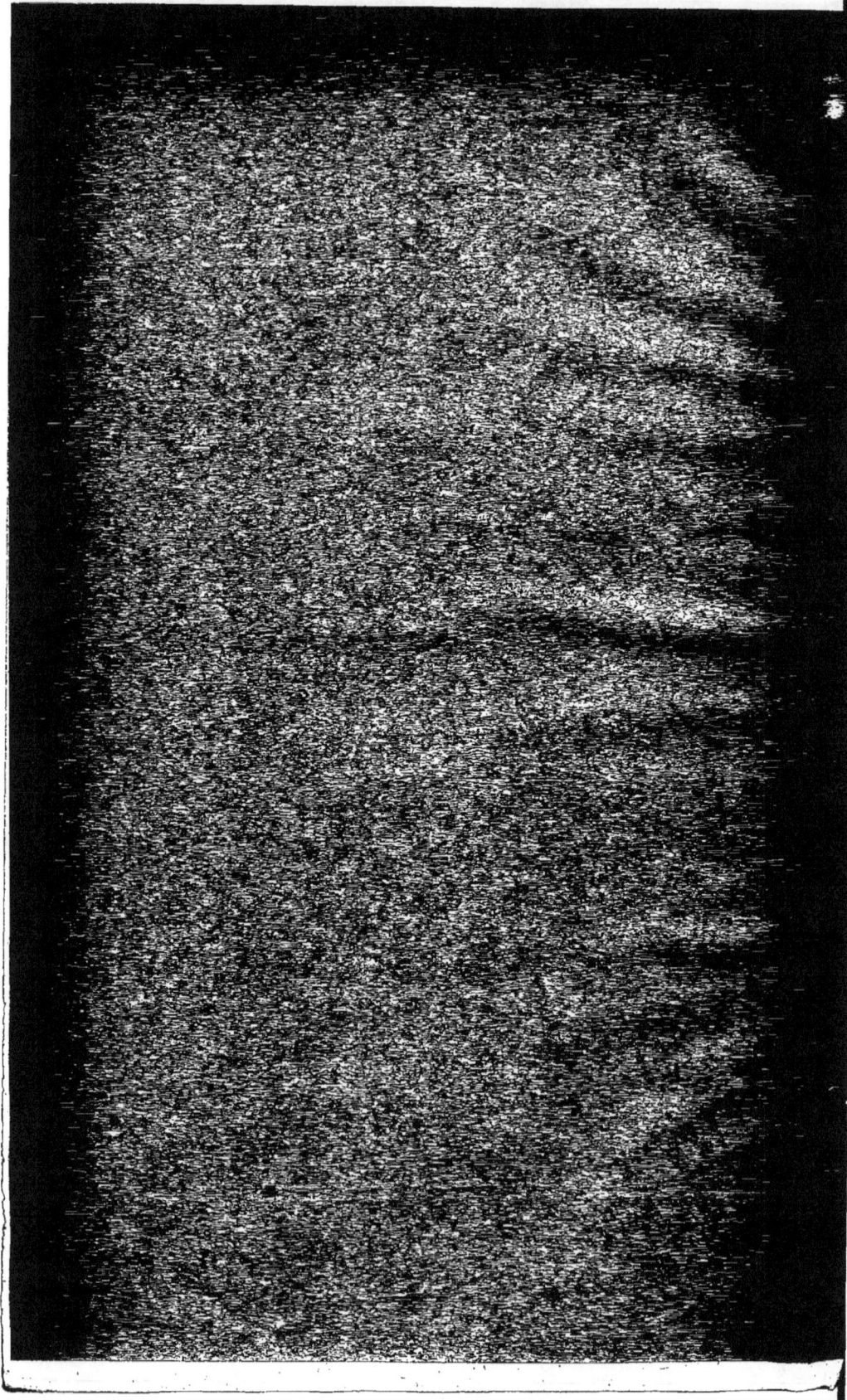

D. O. M.

NOTICE BIOGRAPHIQUE

SUR LA VIE

DE

MESSIRE DOMINIQUE RAYOL

CHANOINE HONORAIRE D'ANTIOCHE

DOCTEUR EN THÉOLOGIE

Curé de Sainte-Marie-Magdeleine

PAR

GONZAGUE JULLIEN

*Agent de l'Association Médicale pour l'Assistance Mutuelle
et du Comité Médical des Bouches-du-Rhône*

MARSEILLE

TYP. ET LITH. BLANC ET BERNARD

RUE SAINTE-PAULINE, 2 A

1881

NOTICE BIOGRAPHIQUE

SUR

MESSIRE DOMINIQUE RAYOL

Curé de Sainte-Marie-Magdeleine

DOCTEUR EN THÉOLOGIE

CHANOINE D'ANTIOCHE

MEMBRE DE L'ACADÉMIE DES QUIRITES DE ROME

L'esprit du Seigneur souffle où il veut ; telle est la pensée qui nous domine en entreprenant cette simple et modeste notice. Ne faut-il pas alors que celui qui est l'objet des caresses divines soit en tout et pour tout disposé à remplir les divines volontés. *Domine, quid me vis facere*, disait le grand docteur après sa conversion (*Act. IX*, 6). *Quid me vis facere*, ont dit les saints qui sont au ciel ; *Quid me vis facere*, disent les âmes d'élite qui ne recherchent que la gloire de Dieu. *Quid me vis facere*, disait bien souvent aussi ce saint prêtre dont nous nous proposons aujourd'hui de raconter la vie.

I

Rayol, Dominique-Joseph-Henri, était fils de Joseph Rayol et de Catherine Giboin. Il naquit à Marseille, le 20 juin 1828. Dès ses plus tendres années, ses parents chrétiens, d'une piété éprouvée, inspirèrent au jeune Dominique le plus grand dévouement pour l'Eglise de Jésus-Christ et l'offrirent au Seigneur.

Le Seigneur bénit aussitôt les pieux désirs des parents et les heureuses dispositions de l'enfant. A peine âgé de huit ans, le jeune Rayol manifestait déjà sa vocation pour la carrière ecclésiastique.

Confié de bonne heure aux soins des Frères des Ecoles chrétiennes, l'éducation qu'il reçut de ces dignes instituteurs ne fit que développer en lui les précieux germes de science et de vertu dont l'auteur de tout bien l'avait si libéralement doué. Est-il besoin de dire avec quelle douce joie, avec quel angélique recueillement cet enfant privilégié vit approcher le jour de sa première communion ? (8 juin 1840). Et nous, qui l'avons connu, nous pouvons affirmer que ce fut réellement de ce beau jour, dont il aimait à rappeler le souvenir, que data sa résolution de servir le bon Dieu dans les rangs de sa milice choisie.

L'année suivante, il passa de l'École des Frères à celle du pieux abbé Caire, dont il devint bientôt l'un des élèves les plus distingués. Le dévoué fondateur de l'OEuvre de Saint-Raphaël ne tarda pas à remarquer, dans son jeune disciple, les marques certaines de sa future vocation, et, sous son habile direction, les progrès du jeune Dominique furent des plus rapides. Après moins de quatre ans d'études préparatoires, il était admis au nombre des élèves du Petit-Séminaire. (1842-1845). Ce fut là, à l'ombre du sanctuaire, que grandit encore, en vertu et en science, ce vaillant jeune homme. Pendant deux ans (1845-1847), la constante affection de ses condisciples, et, surtout, la haute estime de l'excellent directeur de cette maison, M. le chanoine Giraud-Saint-Romme, furent certainement son plus éloquent éloge.

II

Il entra enfin au grand Séminaire pour y terminer ses études ecclésiastiques, et, pendant les quatre ans (1847-1851) qu'il y resta, il fit preuve d'une grande sagacité et d'une intelligence peu commune. Son travail ne se démentit jamais ; aussi quelle abondante moissons d'éloges ne recueillait-il pas à tous les examens !

A la veille de recevoir les ordres sacrés, il manifesta son intention d'entrer dans la Congrégation des Oblats de Marie-Immaculée. Il désirait, disait-il, se vouer, corps et âme, aux missions étrangères. Mais, sur le conseil de prêtres éclairés, il dut renoncer à ce généreux dessein. D'autre part, la vive opposition de sa bonne mère, qui avait mis sur ce fils de prédilection toutes ses espérances temporelles, le détermina à servir le Seigneur dans les rangs modestes du clergé séculier.

Enfin, arriva le beau jour de son ordination (29

juin 1854), ce jour si ardemment désiré et par le jeune lévite et par ses vertueux parents ! Quelle éloquence pourrait être capable d'exprimer les sentiments de douce émotion qui débordaient du cœur de tous ceux qui assistaient à la première messe du nouveau prêtre. L'église de Notre-Dame-du-Mont-Carmel, paroisse de la famille Rayol, en a conservé longtemps le délicieux souvenir.

III

Le 24 juillet suivant, Mgr de Mazenod, cet éminent évêque qui savait si justement apprécier le mérite, envoya le jeune abbé Rayol, en qualité de vicaire, dans l'importante paroisse d'Allauch, près Marseille. Ce fut au milieu de cette bonne population que son zèle évangélique, après s'être révélé, commença à porter les plus heureux fruits. Qui ne se rappelle, avec bonheur, l'enthousiasme vraiment chrétien que sa parole, à la fois claire et éloquente, faisait naître dans les âmes? Combien, dans cette localité qui, cédant à ses douces insinuations, mettaient avec joie en pratique ses conseils toujours si pleins de prudence !

Ce fut à son zèle que la paroisse dut la création d'une Maîtrise qu'il sut rendre prospère. De cette institution sortirent plus tard plusieurs jeunes gens qui, suivant les traces et les conseils de leur maître, sont devenus aujourd'hui des membres distingués de notre clergé diocésain.

Si la moisson avait été heureuse dans la paroisse d'Allauch, la divine Providence réservait à l'apostolat du jeune et infatigable vicaire un champ à la fois plus pénible et plus vaste à défricher. Nommé à la difficile paroisse de Saint-Charles (c. m.), (*Belle-de-Mai*), l'abbé Rayol y était installé dès le 4 novembre 1855. Il y fut, pendant plus de trois ans, le collaborateur et l'ami du digne curé Massot, qui aimait à reconnaître sa prudence et ses talents et qui s'en tenait souvent à ses décisions et lui confiait même parfois certaines parties de l'administration. Que de fois nous l'avons accompagné dans les visites qu'il faisait et certes nous sommes là pour témoigner de la sollicitude, du discernement et de la charité avec lesquels il accueillait et secourait tant d'infortunés dans cette paroisse où, hélas! elles sont encore si nombreuses. Notons en passant l'établissement d'une Œuvre de jeunesse, qui, sous son intelligente direction, jeta un certain éclat et produisit des résultats heureux et inespérés.

IV

Depuis plus de quatre ans, son zèle s'exerçait au milieu de cette populeuse paroisse (1855-1859). Monseigneur de Mazenod, jugeant que sa présence serait encore plus utile dans d'autres parties de son diocèse, lui fit proposer successivement plusieurs rectoreries suburbaines, mais de sérieux motifs durent mettre obstacle à son acceptation. L'illustre prélat, qui l'honorait de son estime, comprit aussitôt toute la délicatesse de sa position, et pour concilier les intérêts spirituels d'une partie de ses ouailles, avec les exigences de la vie de famille, alors si lourdes pour son jeune coopérateur, il nomma l'abbé Rayol, aumônier de la Société de Bienfaisance et de Charité de la ville de Marseille (17 juillet 1859).

Dans cette modeste position, le champ ne s'ouvrit pas moins vaste aux labeurs de l'infatigable prêtre. Aux soins donnés à l'instruction religieuse de la jeunesse et à la direction des âmes il joignit l'exercice du ministère de la prédication. Mais surtout il se prépara sérieusement par de nouvelles et importantes études aux brillants examens qui, en 1866, lui obtinrent le grade de docteur en théologie.

V

En 1863, l'abbé Rayol, utilisant ses rares loisirs, terminait sa *Grammaire Française à la portée de toutes les intelligences*, qu'il avait particulièrement composée pour l'usage des élèves formés par lui à Allauch et à la Belle-de-Mai. Cet ouvrage, d'une utilité incontestable, aurait, sans doute, obtenu l'approbation du Conseil supérieur de l'instruction publique, si son auteur ne s'était proposé d'attendre l'achèvement de cet autre ouvrage auquel il travaillait alors activement (1). L'importance de ce second ouvrage, a été jugée au moins égale à celle du précédent ; et, l'introduction dans l'enseignement de ces deux méthodes d'études, se complétant l'une par l'autre, eût singulièrement aplani bien des difficultés pour les jeunes élèves.

---

(1) Nouvelle méthode pour faciliter l'étude de la langue latine ou grammaire latine simplifiée.

L'année suivante, M. l'abbé Palmero (1), alors recteur de Sainte-Marthe, banlieue de Marseille, ayant eu la pensée de solenniser plus dignement la fête de l'illustre patronne de sa paroisse, voulut aussi profiter de la bienveillance de M. l'abbé Rayol. Là où il y avait un service à rendre, là se trouvait toujours notre ami. Il fallait un chant spécial en l'honneur de la douce et aimable sœur de Lazare, et, comme après bien des recherches on ne trouvait rien qui put glorifier exclusivement l'amie et l'hôtesse du Sauveur, l'abbé Rayol chargea un de ses anciens amis de la composition d'une Cantate à laquelle un musicien éminent adapta un air vraiment triomphal. Il fut donc possible, à partir de ce jour (1864), de célébrer partout dans des strophes aussi harmonieuses qu'orthodoxes le souvenir de l'Apostolat en Provence, de ceux que l'Evangile appelle les amis de Jésus.

Egalement à cette époque, M. Alexandre Jullien, l'un des nombreux amis de la famille Rayol, comblait une lacune de notre histoire locale. Il écrivait sa *Chronique historique de l'Archiconfrérie des Pénitents disciplinés sous le titre du Saint-Nom-de-Jésus, dits Bourras de la ville de Marseille*. Cet ouvrage, qui avait coûté à son auteur huit années de patientes recherches et d'un travail opiniâtre, devint inopinément pour l'abbé Rayol, une nouvelle occasion de mérites. harcelé par les incessantes récriminations de ses détracteurs dont la possession allait jusqu'à douter de son orthodoxie, l'auteur de la *Chronique* s'en référa entièrement au jugement de l'abbé Rayol. Notre ami

---

(1) Décédé. — Curé des Crottes, en avril 1877.

voulut bien faire trêve à ses fatigantes occupations. Il se chargea donc de réviser, et la traduction des textes latins, et l'ensemble de cet ouvrage d'érudition qui, en 1865, prenait enfin sa place dans la plupart des bibliothèques de notre ville.

VI

Nous voici parvenus à l'année 1866 qui marqua l'une des phases les plus importantes de cette vie si bien remplie. Vers le mois de novembre 1865, Monseigneur Cruice, cruellement éprouvé par une longue maladie, se démettait du siége de Marseille dont il avait pris possession en septembre 1861. L'envie et la calomnie dont le modeste aumônier fut alors l'objet, faillirent lui ravir l'estime et la confiance de ses supérieurs. L'accusation fût même portée devant l'administration capitulaire.

Voici l'objet de cette accusation : M. l'abbé Rayol profitant de la vacance du siége songerait à quitter secrètement Marseille pour se rendre à Rome. Mais on se gardait bien d'indiquer le but de ce départ projeté et l'autorisation canonique qu'il désirait avant tout d'obtenir. Nous avons dû exposer plus haut que depuis sa nomination à la Bienfaisance, il avait repris ses études théologiques. Il les poursuivit énergiquement ; à cette époque se sentant suffisamment prêt il était naturel qu'il songeât à partir pour Rome pour affronter devant les représentants du Saint-Siége, les luttes si difficiles du Doctorat. Qui pourrait dire tout ce que ce digne prêtre ressentit d'angoisses et d'inquiétudes.

Et si cette âme n'eût été si solidement trempée, dans quel mortel découragement ne fût-elle pas bientôt tombée?

Mais la Providence veillait sur son serviteur et lui réservait la joie d'un prochain triomphe. Deux éminents prélats, qui l'avaient connu à Marseille, le sollicitèrent de se rendre au plus tôt dans la Ville Éternelle. Ces deux prélats étaient Mgr Salzano, évêque italien, alors exilé, et Mgr de Rienzy, ablégat apostolique, chargé d'une mission à Londres. Surpris de l'étendue de son esprit et plus encore édifiés de la pureté de sa doctrine, le théologien et le diplomate lui facilitèrent son voyage à Rome. De plus, ils lui préparèrent les voies, celui-ci en lui faisant obtenir le patronage du prince Chigi, frère du nonce à Paris, celui-là en le recommandant très chaudement à l'Examinateur des Évêques, le Révérendissime Père Raphaël de Pontecchio, ministre général de l'Ordre des Frères Mineurs.

Notre devoir est de signaler ici en passant les brillants succès qu'il obtint alors comme théologien et comme casuiste. Avec quelle ardeur il s'était remis à l'étude! Comme il aimait ses auteurs! On le voyait constamment dans un collège, dans une bibliothèque ou dans un musée. Aussi comme il justifia bientôt la confiance de tous ses protecteurs! Nous pouvons bien dire que si les portes de l'Académie des Quirites lui furent ouvertes, s'il fut proposé pour un siège épiscopal *in partibus infidelium*, il le dut à sa science autant qu'à sa piété. « Votre abbé fera du chemin, nous écrivait un jour l'ancien Ministre du Roi des Deux-Siciles, Louis de Gonzague, grand Croix des Marquis d'Ajassa.

Mais le docte théologien était trop modeste pour accepter une dignité dont on voulait le revêtir afin de le fixer à Rome. Du reste, il lui répugnait de vivre désormais loin de Marseille, privé de l'affection des siens et de la sympathie de ses meilleurs confrères dans le sacerdoce. Il revint donc alors dans le diocèse, rapportant les insignes du doctorat ainsi que le diplôme de son canonicat de l'Eglise patriarcale d'Antioche.

VII

A son retour, il fut accueilli avec autant de faveur que de distinction par Mgr Place qui l'avait connu et fort remarqué à Rome (1). L'éminent prélat lui donna plusieurs fois des témoignages de sa haute estime et voulut se l'attacher particulièrement.

Il l'appela, en 1867, à faire partie d'une Commission spéciale chargée de recueillir tous les renseignements relatifs à l'instruction de la cause du vénérable Jean-Baptiste Gault, l'un de ses prédécesseurs. Il voulut même qu'il y figurât avec le titre de Promoteur.

Mais nous ne voudrions pas oublier de rappeler que déjà il s'était empressé d'acquitter sa dette de reconnaissance contractée à Rome envers les saints religieux de l'Ara-Cœli. Voici la magnifique occasion que lui fournit la Providence. L'instruction de la cause des vingt-cinq Bienheureux venait d'être terminée, et

---

(1) Mgr Charles-Philippe Place, transféré en juillet 1878 à l'archevêché de Rennes. Il avait été nommé à l'évêché de Marseille le 6 janvier 1866; préconisé le 22 juin et sacré par Pie IX, le 26 août de la même année.

Pie IX devait, le 29 juin 1867, procéder à la canonisation solennelle. Le Révérendissime Ministre général des Mineurs franciscains, désireux de vulgariser les Actes principaux des nouveaux Saints dont vingt-deux appartenaient à son Ordre (1), chargea notre ami de composer ces notices si complètes qui furent tant goûtées à Rome et à Marseille. Sept mois, dont cinq employés à la recherche des documents nécessaires, suffirent au pieux auteur pour tenir sa promesse et vers la fin du mois de mai 1867, l'imprimerie Olive produisait à Marseille cet intéressant volume, avec cette suscription : *L'abrégé des vies des vingt-cinq Bienheureux que N. S. P. le Pape Pie IX canonisera le 29 Juin 1867, précédé d'un avant-propos renfermant divers renseignements sur la canonisation, par M. l'abbé Rayol, chanoine honoraire, docteur en théologie, etc.*

VIII

Mais, c'est rarement en vain que l'homme d'études impose un travail incessant à ses facultés. Une réaction

---

(1) Les 19 martyrs de Gorsum, Pays-Bas, 1572.
Paul de la Croix, fondateur des Passionnistes, 1694-1775.
Léonard de Port-Maurice, missionnaire, 1677-1751.
Marie-Françoise des Cinq Plaies, vierge, religieuse professe 1715-1791.
Les trois autres sont :
Josaphat, archevêque de Polosk, martyr, 1584-1623.
Pierre d'Arbuès, chanoine de Saragosse, inquisiteur de la foi, martyr, 1441-1485.
Germaine Cousin de Pibrac, vierge séculière, 1579-1601.
Les notices sur Léonard de Port-Maurice, Françoise des Cinq Plaies et Germaine Cousin nous ayant été réservées ne furent point comprises dans le volume.

se produit qui met souvent la vie en danger. Notre vaillant ami l'éprouva surtout à cette époque. Une cruelle ophthalmie qu'il avait contractée pendant son séjour à Rome, vint alors le frapper d'une douloureuse inactivité, avec des alternatives d'aggravation et d'amélioration. Ce fut pendant une de ces périodes d'accalmie que Mgr Place lui fit accepter la rectorerie de Saint-Cassien, au vallon de l'Oriol (4 mars 1868). L'abbé Rayol, qui, peu de mois auparavant, avait cru devoir refuser l'aumônerie du Petit Lycée, accueillit avec une joie toute sacerdotale cette nomination. Il se rendit sans tarder à son nouveau poste. Mais ce coin de notre banlieue, que plusieurs voyageurs se sont plu à appeler une oasis marseillaise, devait dès les premières semaines devenir pour lui un lieu de tristesse et de larmes. En effet, le mal, loin de céder, redoubla d'intensité et, compliqué de violentes douleurs de tête, il atteignit rapidement un tel degré d'aggravation que, malgré toute consultation et tout traitement, l'usage de la vue fut complètement perdu pour son œil droit.

L'abbé Rayol supporta cette nouvelle affliction avec une résignation et une constance héroïques. Durant le jour, obligé de vivre dans l'obscurité la plus complète il ne sortait qu'à la nuit pour respirer l'air libre et frais de nos côtes. Un jour, c'était, il nous en souvient, le 26 juillet, il nous disait, en nous montrant l'appartement où il restait renfermé : « Depuis trois mois, nouveau Lazare, je suis dans ce tombeau, et, comme lui, j'attends le jour où il plaira à Dieu de me ressusciter pour sa gloire à la vie temporelle. »

Dieu fut sans doute touché d'une aussi parfaite soumission et ce fut, en effet, pour sa seule gloire qu'il le ressuscita à la vie temporelle. Ce ne fut que vers le mois de septembre que le cher malade put reprendre en partie l'exercice de ses fonctions pastorales. Le Seigneur le rendait peu à peu à sa mission qui était loin d'être terminée.

La maladie et l'infirmité du vertueux curé n'avaient pas tardé à appeler l'attention de l'autorité diocésaine. Mgr Place vint même un jour le visiter et, après l'avoir vivement consolé, il lui promit un collaborateur intelligent et zélé sur qui il put se reposer du soin de la paroisse. L'évêque tint sa promesse et, quelques jours après, arrivait, en qualité de vicaire, le jeune et sympathique abbé Alexandre R. Celui-ci devint bientôt le premier ami du curé, et son zèle fut tel qu'il voulut porter seul le fardeau de la charge curiale. Ajoutons, pour rendre à M. le vicaire un hommage bien mérité, que son dévouement ne se démentit jamais un seul jour.

IX

Mais craignant, non sans raison, qu'un séjour prolongé dans cette paroisse ne devint encore plus pernicieux à sa santé, le premier pasteur jugea utile de le rappeler à Marseille, et après beaucoup de ménagements, il voulut lui confier l'aumônerie du grand Pensionnat, dirigé par les Dames de Saint-Joseph de Bourg-en-Bresse, 10 octobre 1868.

A peine installé, et se trouvant sensiblement mieux, il fut tout heureux de pouvoir reprendre le cours interrompu de ses laborieuses habitudes. Il se sentait en quelque sorte « renaître » à de nouvelles et saintes espérances.

Il goûta dans ce pieux asile, nous avoua-t-il alors, bien plus de consolations durant cette année qu'il n'en avait jamais goûté auparavant. Il aima toujours, comme sait aimer le cœur du prêtre, cet élite de la vie religieuse qui l'affectionnait et le vénérait ; et l'on peut bien affirmer que sa plus grande préoccupation, fut de former toutes ces saintes âmes aux enseignements des divins préceptes et aux pratiques d'une douce et solide piété.

X

Dix-sept mois d'exercice avaient attiré de nouveau sur l'abbé Rayol les faveurs de son évêque. Appréciant de plus en plus un si grand mérite, Mgr Place résolut de lui confier encore une fois la direction d'une paroisse ; et pour lui bien marquer sa sympathie, il le nomma alors, 19 mars 1870, recteur de Gémenos. Notre ami, qui continuait à se trouver mieux, se hâta d'obéir à la voix de son Evêque. « Je fais la volonté de mon Dieu, » disait-il à la Supérieure qui lui présentait les regrets de sa Communauté, « et quiconque est sûr de l'accomplir, est sûr et de sa persévérance et de son salut. »

Pendant les deux années que dura son séjour à Gémenos, le zèle du curé fut loin d'être inférieur au zèle du vicaire. Comme à Allauch et à la Belle-de-Mai, l'abbé Rayol se livra avec son ardeur native à tous les exercices du ministère pastoral. Par ses soins vigilants la moralisation des ouvriers des campagnes eut un progrès important. Mais ce qui dut réjouir le plus le cœur du divin Maître, ce furent et la pratique du repos dominical et la sanctification par les bonnes œuvres du saint jour du dimanche. Son passage dans les champs qu'il parcourait souvent en vrai missionnaire, semait, on s'en souvient, une joie franche et expansive parmi les groupes de travailleurs auxquels il aimait à adresser de courtes et paternelles exhortations.

La paroisse de Gémenos fut redevable à M. l'abbé Rayol de diverses améliorations et notamment de la restauration de son église, dont il exhaussa le sanctuaire.

XI

Une conduite si méritante demandait certainement une récompense. Aussi, deux ans n'étaient point encore écoulés qu'un poste plus éminent était offert au curé de Gémenos. La récente retraite du chanoine Chaffard venait de rendre vacante, à Marseille, la cure de Sainte-Marie-Magdeleine (les Chartreux), lorsque le 24 février 1872, une décision épiscopale y transféra l'abbé Rayol.

Dans cette paroisse, pleine encore des souvenirs si précieux de Dom Joseph Martinet (1), l'abbé Rayol s'appliqua à tirer profit de plusieurs œuvres d'édification si modestement établies ou continuées par

---

(1) On sait que c'est dans la Chartreuse de notre ville que l'apôtre de Marseille, sous la Terreur, vécut de la vie cénobitique.

MM. Gallician, Dupuy et Meyer, ses prédécesseurs (1). La paroisse Sainte-Marie-Magdeleine doit particulièrement à l'initiative du curé Rayol l'établissement de la Communauté des Sœurs de l'Intérieur de Jésus et de Marie (1873), l'érection de la Croix commémorative du Jubilé de 1875. Elle lui doit encore l'ornementation du sanctuaire et du chœur où furent dressées de fort belles stalles ; la restauration du grand tableau de Serre que l'on voit derrière l'autel majeur. Enfin, elle lui doit aussi la construction d'une sacristie très remarquée des connaisseurs et l'exécution de divers autres travaux d'amélioration.

Toutes les qualités qui avaient brillé à cette phase de sa vie dès le début de la carrière sacerdotale de notre ami semblaient resplendir de leur plus merveilleux éclat : zèle, prudence, amour, dévouement, application au travail, science, doctrine, intelligence pour l'administration, soins pour les pauvres, tout cela édifiait et charmait à la fois. Et nous ne craindrons pas d'être démenti en affirmant que si plusieurs dans cette paroisse eurent le bonheur de revenir à Dieu, ils le firent entraînés par l'exemple autant que par les exhortations de leur vertueux curé.

Nous ne voudrions pourtant pas omettre de rappeler ici l'esprit de discernement avec lequel l'intelligent curé savait distinguer les vrais pauvres qui se présentaient à lui. Que de fois, au grand étonnement de tous, il résistait aux obsessions d'une misère factice ou d'une

---

(1) La paroisse des Chartreux est redevable à l'abbé Gallician de sa première organisation ; à l'abbé Dupuy, de son orgue monumental et à l'abbé Meyer de sa chaire sculptée, véritable chef-d'œuvre de l'art chrétien.

infortune de chantage. Par contre, toujours par ses soins, les secours et les aumônes parvenaient à soulager les misères les plus cachées et les pauvretés les moins méritées. Et maintenant, s'il nous est permis de résumer notre pensée, nous dirons avec tous ceux qui ont connu M. Rayol à cette époque de sa vie, que ce bon prêtre sembla produire comme la somme des vertus qui étaient en lui.

XII

C'est en cette même année 1877 qu'il se sentit pénétré d'un désir qui, sans être blâmable, était évidemment incompatible avec les devoirs que lui imposait sa charge pastorale. Aussi, que de fois dut-il faire appel à la force d'En-Haut pour surmonter cette sorte de tentation. Le souvenir de la Ville-Eternelle, était toujours cher à son cœur, et il eut bien souhaité d'aller y terminer sa vie. Mais le Seigneur, dont la Providence s'étend sur tous les siens, vint à son aide et il le fit d'une manière digne de sa Sagesse. Le Quirite romain désirait ardemment dormir de son dernier sommeil sous l'œil des Pontifes, à l'ombre des tombeaux des saints Apôtres, mais la paroisse de Sainte-Marie-Magdeleine devait encore garder son pasteur et Dieu s'était réservé seul de l'en priver en le rappelant bientôt à lui.

Il semble toutefois qu'avant ce moment pénible, le Seigneur avait inspiré à notre cher ami comme une intuition de sa fin prochaine. Depuis plus d'un an, il s'était opéré en lui une sorte de transformation que tous ceux qui l'approchaient n'observaient pas sans un inexplicable mélange d'admiration et d'inquiétude Toute sa vie, en effet, bien que toujours exemplaire, ressemblait assez, dans ses deux dernières années, à celle d'un religieux. N'était-ce pas par un pressentiment de sa mort prochaine qu'il multipliait les actes d'abnégation, qu'il augmentait ses jeûnes, ses privations et tant de mortifications volontaires ? (1). Comment pourrions-nous expliquer autrement un si grand amour pour la plus austère pénitence ? Il était bien juste qu'il se ressouvînt que, membre du Tiers-Ordre de Saint-François, il devait plus parfaitement alors en pratiquer la règle.

Il aimait aussi à penser que promoteur de l'Association de prières pour les prêtres défunts, le Seigneur daignerait lui faire miséricorde par les suffrages charitables de ses frères dans le Sacerdoce.

XIII

M. le curé Rayol se savait atteint d'un mal implacable. Aussi se préparait-il, dès le mois d'août 1878, à accomplir saintement son suprême sacrifice. Entièrement confiant en la miséricorde du Sauveur Jésus ce fut avec sérénité, avec de sincères sentiments de confiance

---

(1) On nous a affirmé qu'il coucha plusieurs fois sur la terre dure, comme certains anachorètes. Il voulut même s'enlever la satisfaction de voir l'anneau précieux qu'il avait reçu à Rome comme insigne de sa dignité canonique. Il le brisa même afin de se dérober à la tentation de s'en parer par vaine gloire.

qu'il vit arriver le terme pourtant si effrayant marqué par les justes jugements de Dieu.

Pendant sa dernière maladie conservant jusqu'à la fin la lucidité de son esprit, il refusait de partager les illusions qu'aimaient à se faire autour de lui ses sœurs et ses meilleurs amis. Jour et nuit levé, il ne put conserver qu'une même position ; c'est ce qui explique pourquoi le vénéré malade dut recevoir les derniers sacrements assis dans un fauteuil à la grande surprise des fidèles accourus nombreux à cette touchante cérémonie. Nous n'essayerons pas de dépeindre avec quelle joie céleste, avec quels sentiments d'édification il accomplit ce grand acte de la vie du chrétien, qu'il nous suffise de rappeler que M. le Curé fut toujours ardent dans sa foi et exemplaire dans sa conduite. Le Seigneur Jésus tenait déjà prête la couronne qu'il réservait à son fidèle serviteur ; et ce fut bien peu de temps après les joies intimes du saint Viatique qu'elle lui fut accordée. Notre ami si regretté mourut le soir de ce même jour, 18 octobre, à 9 heures 1/2, sans secousses et sans agitation. O combien est douce et précieuse, ô mon Dieu, la mort de vos serviteurs dévoués.

Pretiosa in conspectu Dei. Mors sanctorum ejus.

XIV

A MON AMI

Henri-Joseph-Dominique RAYOL

O toi, ami tant regretté, toi dont l'humilité égalait le mérite, j'ose déposer ici au pied de ton cercueil ce dernier et faible témoignage de ma vieille et inaltérable amitié. Ce témoignage, je te le dis bien haut, était dû à ta sainte et chère mémoire. Non, non, ce n'est point pour trahir le secret de ta modestie, ce n'est point pour troubler le repos de ta tombe, que j'ai voulu nous esquisser les principaux traits qui marquèrent ici-bas ta carrière si bien remplie, mais c'est certainement pour honorer en toi, la divine humanité du Sauveur dont tu fus parmi nous la vivante image. Oui, je le sens, le souvenir de tes vertus et de tes exemples, vient souvent adoucir l'amertume des regrets de tous ceux qui t'aimèrent. Combien ne nous est-il pas permis d'espérer que, heureux dans le Ciel, tu es maintenant agréable au Seigneur dans la terre des vivants ! C'est là, oui, c'est bien là, cher ami, j'en ai le ferme espoir que nous pourrons un jour nous retrouver tous avec toi. C'est bien là, que heureux à jamais, ce qui mettra le comble à notre félicité sera de bénir ensemble le Dieu des miséricordes. Ce Dieu si puissant mais si bon qui blesse pour guérir, qui sépare pour unir et qui afflige parfois cruellement mais toujours pour consoler sans termes et sans limites. Qu'il soit sans cesse notre principe, notre guide et notre fin. Comme le Roi-Prophète et à cause de toi, cher et vénérable ami, que mon dernier cri soit ce cri si plein de confiance que toi-même tu aimais tant à répéter :

Misericordias Domini in œternum cantabo

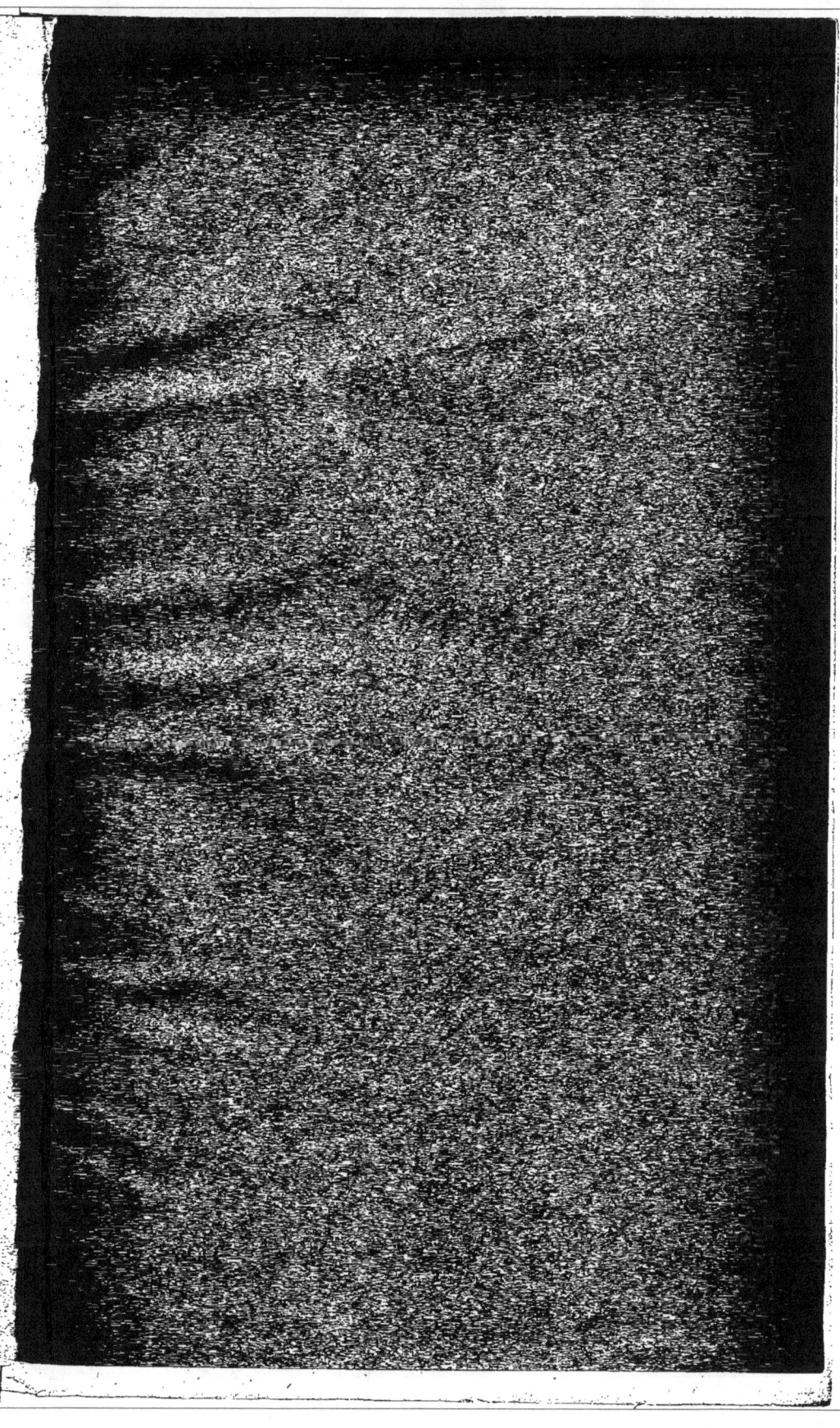

www.ingramcontent.com/pod-product-compliance
Lightning Source LLC
Chambersburg PA
CBHW060902050426
42453CB00010B/1526